中华人民共和国检察官法
中华人民共和国人民检察院组织法

中国检察出版社

图书在版编目（CIP）数据

中华人民共和国检察官法　中华人民共和国人民检察院组织法／《中华人民共和国检察官法　中华人民共和国人民检察院组织法》编委会编. —北京：中国检察出版社，2019.5
ISBN 978 - 7 - 5102 - 2302 - 0

Ⅰ.①中… Ⅱ.①中… Ⅲ.①检察官法 - 中国②检察机关 - 机构组织法 - 中国 Ⅳ.①D926.3

中国版本图书馆 CIP 数据核字（2019）第 075164 号

中华人民共和国检察官法
中华人民共和国人民检察院组织法

责任编辑：王伟雪
美术编辑：曹　晓
技术编辑：蒋　龙
出版发行：中国检察出版社
社　　址：北京市石景山区香山南路 109 号（100144）
网　　址：中国检察出版社（www. zgjccbs. com）
编辑电话：(010)86423707
发行电话：(010)86423726　86423727　86423728
　　　　　(010)86423730　68650016
经　　销：新华书店
印　　刷：北京玺诚印务有限公司
开　　本：880mm×1230mm　32 开
印　　张：1.75
字　　数：45 千字
版　　次：2019 年 5 月第一版　2019 年 5 月第一次印刷
书　　号：ISBN 978 - 7 - 5102 - 2302 - 0
定　　价：19.00 元

目　　录

中华人民共和国检察官法

（1995 年 2 月 28 日第八届全国人民代表大会常务委员会第十二次会议通过　根据 2001 年 6 月 30 日第九届全国人民代表大会常务委员会第二十二次会议《关于修改〈中华人民共和国检察官法〉的决定》第一次修正　根据 2017 年 9 月 1 日第十二届全国人民代表大会常务委员会第二十九次会议《关于修改〈中华人民共和国法官法〉等八部法律的决定》第二次修正　2019 年 4 月 23 日第十三届全国人民代表大会常务委员会第十次会议修订）

目　　录

第一章 总 则

第一条 为了全面推进高素质检察官队伍建设，加强对检察官的管理和监督，维护检察官合法权益，保障人民检察院依法独立行使检察权，保障检察官依法履行职责，保障司法公正，根据宪法，制定本法。

> 本条对原第一条作了修订。原条文为：
>
> 第一条 为了提高检察官的素质，加强对检察官的管理，保障人民检察院实施法律监督，依法独立行使检察权，保障检察官依法履行职责，保障司法公正，根据宪法，制定本法。

第二条 检察官是依法行使国家检察权的检察人员，包括最高人民检察院、地方各级人民检察院和军事检察院等专门人民检察院的检察长、副检察长、检察委员会委员和检察员。

> 本条对原第二条作了修订。原条文为：
>
> 第二条 检察官是依法行使国家检察权的检察人员，包括最高人民检察院、地方各级人民检察院和军事检察院等专门人民检察院的检察长、副检察长、检察委员会委员、检察员和助理检察员。

第三条 检察官必须忠实执行宪法和法律，维护社会公平正义，全心全意为人民服务。

> 本条对原第三条作了修订。原条文为：
>
> 第三条 检察官必须忠实执行宪法和法律，全心全意为人民服务。

第四条 检察官应当勤勉尽责，清正廉明，恪守职业道德。

第五条　检察官履行职责，应当以事实为根据，以法律为准绳，秉持客观公正的立场。

检察官办理刑事案件，应当严格坚持罪刑法定原则，尊重和保障人权，既要追诉犯罪，也要保障无罪的人不受刑事追究。

第四条至第五条系新增条文。

第六条　检察官依法履行职责，受法律保护，不受行政机关、社会团体和个人的干涉。

本条对原第四条作了修订。原条文为：
　　第四条　检察官依法履行职责，受法律保护。

第二章　检察官的职责、义务和权利

第七条　检察官的职责：

（一）对法律规定由人民检察院直接受理的刑事案件进行侦查；

（二）对刑事案件进行审查逮捕、审查起诉，代表国家进行公诉；

（三）开展公益诉讼工作；

（四）开展对刑事、民事、行政诉讼活动的监督工作；

（五）法律规定的其他职责。

检察官对其职权范围内就案件作出的决定负责。

本条对原第六条作了修订。原条文为：
　　第六条　检察官的职责：
　　（一）依法进行法律监督工作；
　　（二）代表国家进行公诉；

（三）对法津规定由人民检察院直接受理的犯罪案件进行侦查；

（四）法津规定的其他职责。

第八条 人民检察院检察长、副检察长、检察委员会委员除履行检察职责外，还应当履行与其职务相适应的职责。

> 本条对原第七条作了修订。原条文为：
>
> 第七条 检察长、副检察长、检察委员会委员除履行检察职责外，还应当履行与其职务相适应的职责。

第九条 检察官在检察长领导下开展工作，重大办案事项由检察长决定。检察长可以将部分职权委托检察官行使，可以授权检察官签发法律文书。

> 本条系新增条文。

第十条 检察官应当履行下列义务：

（一）严格遵守宪法和法律；

（二）秉公办案，不得徇私枉法；

（三）依法保障当事人和其他诉讼参与人的诉讼权利；

（四）维护国家利益、社会公共利益，维护个人和组织的合法权益；

（五）保守国家秘密和检察工作秘密，对履行职责中知悉的商业秘密和个人隐私予以保密；

（六）依法接受法律监督和人民群众监督；

（七）通过依法办理案件以案释法，增强全民法治观念，推进法治社会建设；

（八）法律规定的其他义务。

第十一条　检察官享有下列权利：

（一）履行检察官职责应当具有的职权和工作条件；

（二）非因法定事由、非经法定程序，不被调离、免职、降职、辞退或者处分；

（三）履行检察官职责应当享有的职业保障和福利待遇；

（四）人身、财产和住所安全受法律保护；

（五）提出申诉或者控告；

（六）法律规定的其他权利。

> （六）参加培训；
>
> （七）提出申诉或者控告；
>
> （八）辞职。

第三章　检察官的条件和遴选

第十二条　担任检察官必须具备下列条件：

（一）具有中华人民共和国国籍；

（二）拥护中华人民共和国宪法，拥护中国共产党领导和社会主义制度；

（三）具有良好的政治、业务素质和道德品行；

（四）具有正常履行职责的身体条件；

（五）具备普通高等学校法学类本科学历并获得学士及以上学位；或者普通高等学校非法学类本科及以上学历并获得法律硕士、法学硕士及以上学位；或者普通高等学校非法学类本科及以上学历，获得其他相应学位，并具有法律专业知识；

（六）从事法律工作满五年。其中获得法律硕士、法学硕士学位，或者获得法学博士学位的，从事法律工作的年限可以分别放宽至四年、三年；

（七）初任检察官应当通过国家统一法律职业资格考试取得法律职业资格。

适用前款第五项规定的学历条件确有困难的地方，经最高人民检察院审核确定，在一定期限内，可以将担任检察官的学历条件放宽为高等学校本科毕业。

> **本条对原第十条作了修订。原条文为：**
>
> 第十条　担任检察官必须具备下列条件：
>
> （一）具有中华人民共和国国籍；

（二）年满二十三岁；

（三）拥护中华人民共和国宪法；

（四）有良好的政治、业务素质和良好的品行；

（五）身体健康；

（六）高等院校法律专业本科毕业或者高等院校非法律专业本科毕业具有法律专业知识，从事法律工作满二年，其中担任省、自治区、直辖市人民检察院、最高人民检察院检察官，应当从事法律工作满三年；获得法律专业硕士学位、博士学位或者非法律专业硕士学位、博士学位具有法律专业知识，从事法律工作满一年，其中担任省、自治区、直辖市人民检察院、最高人民检察院检察官，应当从事法律工作满二年。

本法施行前的检察人员不具备前款第六项规定的条件的，应当接受培训，具体办法由最高人民检察院制定。

适用第一款第六项规定的学历条件确有困难的地方，经最高人民检察院审核确定，在一定期限内，可以将担任检察官的学历条件放宽为高等院校法律专业专科毕业。

第十三条 下列人员不得担任检察官：

（一）因犯罪受过刑事处罚的；

（二）被开除公职的；

（三）被吊销律师、公证员执业证书或者被仲裁委员会除名的；

（四）有法律规定的其他情形的。

本条对原第十一条作了修订。原条文为：

第十一条 下列人员不得担任检察官：

（一）曾因犯罪受过刑事处罚的；

（二）曾被开除公职的。

第十四条　初任检察官采用考试、考核的办法，按照德才兼备的标准，从具备检察官条件的人员中择优提出人选。

人民检察院的检察长应当具有法学专业知识和法律职业经历。副检察长、检察委员会委员应当从检察官、法官或者其他具备检察官条件的人员中产生。

本条对原第十三条作了修订。原条文为：

第十三条　初任检察官采用考试、考核的办法，按照德才兼备的标准，从通过国家统一法律职业资格考试取得法律职业资格并且具备检察官条件的人员中择优提出人选。

人民检察院的检察长、副检察长应当从检察官或者其他具备检察官条件的人员中择优提出人选。

第十五条　人民检察院可以根据检察工作需要，从律师或者法学教学、研究人员等从事法律职业的人员中公开选拔检察官。

除应当具备检察官任职条件外，参加公开选拔的律师应当实际执业不少于五年，执业经验丰富，从业声誉良好，参加公开选拔的法学教学、研究人员应当具有中级以上职称，从事教学、研究工作五年以上，有突出研究能力和相应研究成果。

第十六条　省、自治区、直辖市设立检察官遴选委员会，负责初任检察官人选专业能力的审核。

省级检察官遴选委员会的组成人员应当包括地方各级人民检察院检察官代表、其他从事法律职业的人员和有关方面代表，其中检察官代表不少于三分之一。

省级检察官遴选委员会的日常工作由省级人民检察院的内设职能部门承担。

遴选最高人民检察院检察官应当设立最高人民检察院检察官遴选委员会，负责检察官人选专业能力的审核。

第十七条　初任检察官一般到基层人民检察院任职。上级人民检察院检察官一般逐级遴选；最高人民检察院和省级人民检察院检察官可以从下两级人民检察院遴选。参加上级人民检察院遴选的检察官应当在下级人民检察院担任检察官一定年限，并具有遴选职位相关工作经历。

第十五条至第十七条系新增条文。

第四章　检察官的任免

第十八条　检察官的任免，依照宪法和法律规定的任免权限和程序办理。

最高人民检察院检察长由全国人民代表大会选举和罢免，副检察长、检察委员会委员和检察员，由检察长提请全国人民代表大会常务委员会任免。

地方各级人民检察院检察长由本级人民代表大会选举和罢免，副检察长、检察委员会委员和检察员，由检察长提请本级人民代表大会常务委员会任免。

地方各级人民检察院检察长的任免，须报上一级人民检察院检察长提请本级人民代表大会常务委员会批准。

省、自治区、直辖市人民检察院分院检察长、副检察长、检察委员会委员和检察员，由省、自治区、直辖市人民检察院检察长提请本级人民代表大会常务委员会任免。

省级人民检察院和设区的市级人民检察院依法设立作为派出机构的人民检察院的检察长、副检察长、检察委员会委员和检察员，由派出的人民检察院检察长提请本级人民代表大会常务委员会任免。

新疆生产建设兵团各级人民检察院、专门人民检察院的检察长、副检察长、检察委员会委员和检察员，依照全国人民代表大会常务委员会的有关规定任免。

第十九条　检察官在依照法定程序产生后，在就职时应当公开进行宪法宣誓。

第二十条　检察官有下列情形之一的，应当依法提请免除其检察官职务：

（一）丧失中华人民共和国国籍的；

（二）调出所任职人民检察院的；

（三）职务变动不需要保留检察官职务的，或者本人申请免除检察官职务经批准的；

（四）经考核不能胜任检察官职务的；

（五）因健康原因长期不能履行职务的；

（六）退休的；

（七）辞职或者依法应当予以辞退的；

（八）因违纪违法不宜继续任职的。

本条对原第十四条作了修订。原条文为：

第十四条　检察官有下列情形之一的，应当依法提请免除其职务：

（一）丧失中华人民共和国国籍的；

（二）调出本检察院的；

（三）职务变动不需要保留原职务的；

（四）经考核确定为不称职的；

（五）因健康原因长期不能履行职务的；

（六）退休的；

（七）辞职或者被辞退的；

（八）因违纪、违法犯罪不能继续任职的。

第二十一条　对于不具备本法规定条件或者违反法定程序被选举为人民检察院检察长的，上一级人民检察院检察长有权提请本级人民代表大会常务委员会不批准。

本条对原第十五条作了修订。原条文为：

第十五条　对于不具备本法规定条件或者违反法定程序被选举为人民检察院检察长的，上一级人民检察院检察长有权提请该级人民代表大会常务委员会不批准。

第二十二条　发现违反本法规定的条件任命检察官的，任命机关应当撤销该项任命；上级人民检察院发现下级人民检察院检察官的任命违反本法规定的条件的，应当要求下级人民检察院依

法提请任命机关撤销该项任命。

本条对原第十六条作了修订。原条文为：

第十六条　对于违反本法规定的条件任命检察官的，一经发现，做出该项任命的机关应当撤销该项任命；上级人民检察院发现下级人民检察院检察官的任命有违反本法规定的条件的，应当责令下级人民检察院依法撤销该项任命，或者要求下级人民检察院依法提请同级人民代表大会常务委员会撤销该项任命。

第二十三条　检察官不得兼任人民代表大会常务委员会的组成人员，不得兼任行政机关、监察机关、审判机关的职务，不得兼任企业或者其他营利性组织、事业单位的职务，不得兼任律师、仲裁员和公证员。

本条对原第十八条作了修订。原条文为：

第十八条　检察官不得兼任人民代表大会常务委员会的组成人员，不得兼任行政机关、审判机关以及企业、事业单位的职务，不得兼任律师。

第二十四条　检察官之间有夫妻关系、直系血亲关系、三代以内旁系血亲以及近姻亲关系的，不得同时担任下列职务：

（一）同一人民检察院的检察长、副检察长、检察委员会委员；

（二）同一人民检察院的检察长、副检察长和检察员；

（三）同一业务部门的检察员；

（四）上下相邻两级人民检察院的检察长、副检察长。

本条对原第十九条作了修订。原条文为：

第十九条　检察官之间有夫妻关系、直系血亲关系、三代以内旁系血亲以及近姻亲关系的，不得同时担任下列职务：

（一）同一人民检察院的检察长、副检察长、检察委员会委员；

（二）同一人民检察院的检察长、副检察长和检察员、助理检察员；

（三）同一业务部门的检察员、助理检察员；

（四）上下相邻两级人民检察院的检察长、副检察长。

第二十五条　检察官的配偶、父母、子女有下列情形之一的，检察官应当实行任职回避：

（一）担任该检察官所任职人民检察院辖区内律师事务所的合伙人或者设立人的；

（二）在该检察官所任职人民检察院辖区内以律师身份担任诉讼代理人、辩护人，或者为诉讼案件当事人提供其他有偿法律服务的。

> 本条对原第二十条第三款作了修订。原条文为：
>
> 第二十条（第三款）　检察官的配偶、子女不得担任该检察官所任职检察院办理案件的诉讼代理人或者辩护人。

第五章　检察官的管理

第二十六条　检察官实行员额制管理。检察官员额根据案件数量、经济社会发展情况、人口数量和人民检察院层级等因素确定，在省、自治区、直辖市内实行总量控制、动态管理，优先考虑基层人民检察院和案件数量多的人民检察院办案需要。

检察官员额出现空缺的，应当按照程序及时补充。

最高人民检察院检察官员额由最高人民检察院商有关部门确定。

> 本条系新增条文。

第二十七条　检察官实行单独职务序列管理。

检察官等级分为十二级，依次为首席大检察官、一级大检察官、二级大检察官、一级高级检察官、二级高级检察官、三级高级检察官、四级高级检察官、一级检察官、二级检察官、三级检察官、四级检察官、五级检察官。

> 本条对原第二十一条第一款作了修订。原条文为：
>
> 第二十一条（第一款）　检察官的级别分为十二级。

第二十八条　最高人民检察院检察长为首席大检察官。

> 本条对原第二十一条第二款作了修订。原条文为：
>
> 第二十一条（第二款）　最高人民检察院检察长为首席大检察官，二至十二级检察官分为大检察官、高级检察官、检察官。

第二十九条　检察官等级的确定，以检察官德才表现、业务水平、检察工作实绩和工作年限等为依据。

检察官等级晋升采取按期晋升和择优选升相结合的方式，特别优秀或者工作特殊需要的一线办案岗位检察官可以特别选升。

> 本条对原第二十二条作了修订。原条文为：
>
> 第二十二条　检察官的等级的确定，以检察官所任职务、德才表现、业务水平、检察工作实绩和工作年限为依据。

第三十条　检察官的等级设置、确定和晋升的具体办法，由国家另行规定。

> 本条对原第二十三条作了修订。原条文为：
>
> 第二十三条　检察官的等级编制、评定和晋升办法，由国家另行规定。

第三十一条　初任检察官实行统一职前培训制度。

第三十二条 对检察官应当有计划地进行政治、理论和业务培训。

检察官的培训应当理论联系实际、按需施教、讲求实效。

第三十三条 检察官培训情况，作为检察官任职、等级晋升的依据之一。

第三十四条 检察官培训机构按照有关规定承担培训检察官的任务。

第三十五条 检察官申请辞职，应当由本人书面提出，经批准后，依照法律规定的程序免除其职务。

第三十六条 辞退检察官应当依照法律规定的程序免除其职务。

辞退检察官应当按照管理权限决定。辞退决定应当以书面形式通知被辞退的检察官，并列明作出决定的理由和依据。

> 本条对原第四十四条作了修订。原条文为：
>
> 第四十四条 辞退检察官应当依照法律规定的程序免除其职务。

第三十七条 检察官从人民检察院离任后两年内，不得以律师身份担任诉讼代理人或者辩护人。

检察官从人民检察院离任后，不得担任原任职检察院办理案件的诉讼代理人或者辩护人，但是作为当事人的监护人或者近亲属代理诉讼或者进行辩护的除外。

检察官被开除后，不得担任诉讼代理人或者辩护人，但是作为当事人的监护人或者近亲属代理诉讼或者进行辩护的除外。

> 本条第一款和第二款对原第二十条第一款和第二款作了修订。原条文为：
>
> 第二十条（第一款） 检察官从人民检察院离任后二年内，不得以律师身份担任诉讼代理人或者辩护人。
>
> （第二款） 检察官从人民检察院离任后，不得担任原任职检察院办理案件的诉讼代理人或者辩护人。

第三十八条 检察官因工作需要，经单位选派或者批准，可以在高等学校、科研院所协助开展实践性教学、研究工作，并遵守国家有关规定。

> 本条系新增条文。

第六章　检察官的考核、奖励和惩戒

第三十九条　人民检察院设立检察官考评委员会，负责对本院检察官的考核工作。

本条对原第五十一条作了修订。原条文为：

第五十一条　人民检察院设检察官考评委员会。

检察官考评委员会的职责是指导对检察官的培训、考核、评议工作。具体办法另行规定。

第四十条　检察官考评委员会的组成人员为五至九人。

检察官考评委员会主任由本院检察长担任。

本条沿用了原第五十二条的规定。

第四十一条　对检察官的考核，应当全面、客观、公正，实行平时考核和年度考核相结合。

本条对原第二十四第至第二十五条作了修订。原条文为：

第二十四条　对检察官的考核，由所在人民检察院组织实施。

第二十五条　对检察官的考核，应当客观公正，实行领导和群众相结合，平时考核和年度考核相结合。

第四十二条　对检察官的考核内容包括：检察工作实绩、职业道德、专业水平、工作能力、工作作风。重点考核检察工作实绩。

第四十三条 年度考核结果分为优秀、称职、基本称职和不称职四个等次。

考核结果作为调整检察官等级、工资以及检察官奖惩、免职、降职、辞退的依据。

第四十四条 考核结果以书面形式通知检察官本人。检察官对考核结果如果有异议，可以申请复核。

第四十五条 检察官在检察工作中有显著成绩和贡献的，或者有其他突出事迹的，应当给予奖励。

第四十六条 检察官有下列表现之一的，应当给予奖励：

（一）公正司法，成绩显著的；

（二）总结检察实践经验成果突出，对检察工作有指导作用的；

（三）在办理重大案件、处理突发事件和承担专项重要工作中，做出显著成绩和贡献的；

（四）对检察工作提出改革建议被采纳，效果显著的；

（五）提出检察建议被采纳或者开展法治宣传、解决各类纠纷，效果显著的；

（六）有其他功绩的。

检察官的奖励按照有关规定办理。

本条对原第三十三条作了修订。原条文为：

第三十三条　检察官有下列表现之一的，应当给予奖励：

（一）在检察工作中秉公执法，成绩显著的；

（二）提出检察建议或者对检察工作提出改革建议被采纳，效果显著的；

（三）保护国家、集体和人民利益，使其免受重大损失，事迹突出的；

（四）勇于同违法犯罪行为作斗争，事迹突出的；

（五）保护国家秘密和检察工作秘密，有显著成绩的；

（六）有其他功绩的。

第四十七条 检察官有下列行为之一的，应当给予处分；构成犯罪的，依法追究刑事责任：

（一）贪污受贿、徇私枉法、刑讯逼供的；

（二）隐瞒、伪造、变造、故意损毁证据、案件材料的；

（三）泄露国家秘密、检察工作秘密、商业秘密或者个人隐私的；

（四）故意违反法律法规办理案件的；

（五）因重大过失导致案件错误并造成严重后果的；

（六）拖延办案，贻误工作的；

（七）利用职权为自己或者他人谋取私利的；

（八）接受当事人及其代理人利益输送，或者违反有关规定会见当事人及其代理人的；

（九）违反有关规定从事或者参与营利性活动，在企业或者其他营利性组织中兼任职务的；

（十）有其他违纪违法行为的。

检察官的处分按照有关规定办理。

本条对原第三十五条至第三十六作了修订。原条文为：

第三十五条　检察官不得有下列行为：

（一）散布有损国家声誉的言论，参加非法组织，参加旨在反对国家的集会、游行、示威等活动，参加罢工；

（二）贪污受贿；

（三）徇私枉法；

（四）刑讯逼供；

（五）隐瞒证据或者伪造证据；

（六）泄露国家秘密或者检察工作秘密；

（七）滥用职权，侵犯自然人、法人或者其他组织的合法权益；

（八）玩忽职守，造成错案或者给当事人造成严重损失；

（九）拖延办案，贻误工作；

（十）利用职权为自己或者他人谋取私利；

（十一）从事营利性的经营活动；

（十二）私自会见当事人及其代理人，接受当事人及其代理人的请客送礼；

（十三）其他违法乱纪的行为。

第三十六条　检察官有本法第三十五条所列行为之一的，应当给予处分；构成犯罪的，依法追究刑事责任。

第四十八条　检察官涉嫌违纪违法，已经被立案调查、侦查，不宜继续履行职责的，按照管理权限和规定的程序暂时停止其履行职务。

第四十九条　最高人民检察院和省、自治区、直辖市设立检察官惩戒委员会，负责从专业角度审查认定检察官是否存在本法第四十七条第四项、第五项规定的违反检察职责的行为，提出构成故意违反职责、存在重大过失、存在一般过失或者没有违反职责等审查意见。检察官惩戒委员会提出审查意见后，人民检察院依照有关规定作出是否予以惩戒的决定，并给予相应处理。

检察官惩戒委员会由检察官代表、其他从事法律职业的人员和有关方面代表组成，其中检察官代表不少于半数。

最高人民检察院检察官惩戒委员会、省级检察官惩戒委员会的日常工作，由相关人民检察院的内设职能部门承担。

第五十条　检察官惩戒委员会审议惩戒事项时，当事检察官有权申请有关人员回避，有权进行陈述、举证、辩解。

第五十一条　检察官惩戒委员会作出的审查意见应当送达当事检察官。当事检察官对审查意见有异议的，可以向惩戒委员会提出，惩戒委员会应当对异议及其理由进行审查，作出决定。

第五十二条　检察官惩戒委员会审议惩戒事项的具体程序，由最高人民检察院商有关部门确定。

第四十八条至第五十二条系新增条文。

第七章　检察官的职业保障

第五十三条　人民检察院设立检察官权益保障委员会，维护检察官合法权益，保障检察官依法履行职责。

第五十四条　除下列情形外，不得将检察官调离检察业务岗位：

（一）按规定需要任职回避的；

（二）按规定实行任职交流的；

（三）因机构调整、撤销、合并或者缩减编制员额需要调整工作的；

（四）因违纪违法不适合在检察业务岗位工作的；

（五）法律规定的其他情形。

第五十五条 任何单位或者个人不得要求检察官从事超出法定职责范围的事务。

对任何干涉检察官办理案件的行为，检察官有权拒绝并予以全面如实记录和报告；有违纪违法情形的，由有关机关根据情节轻重追究有关责任人员、行为人的责任。

第五十六条 检察官的职业尊严和人身安全受法律保护。

任何单位和个人不得对检察官及其近亲属打击报复。

对检察官及其近亲属实施报复陷害、侮辱诽谤、暴力侵害、威胁恐吓、滋事骚扰等违法犯罪行为的，应当依法从严惩治。

第五十七条 检察官因依法履行职责遭受不实举报、诬告陷害、侮辱诽谤，致使名誉受到损害的，人民检察院应当会同有关部门及时澄清事实，消除不良影响，并依法追究相关单位或者个人的责任。

第五十八条 检察官因依法履行职责，本人及其近亲属人身安全面临危险的，人民检察院、公安机关应当对检察官及其近亲属采取人身保护、禁止特定人员接触等必要保护措施。

第五十三条至第五十八条系新增条文。

第五十九条 检察官实行与其职责相适应的工资制度，按照检察官等级享有国家规定的工资待遇，并建立与公务员工资同步调整机制。

检察官的工资制度，根据检察工作特点，由国家另行规定。

本条对原第三十九条作了修订。原条文为：

第三十九条 检察官的工资制度和工资标准，根据检察工作特点，由国家规定。

第六十条 检察官实行定期增资制度。

经年度考核确定为优秀、称职的，可以按照规定晋升工资档次。

本条对原第四十条作了修订。原条文为：

第四十条 检察官实行定期增资制度。经考核确定为优秀、称职的，可以按照规定晋升工资；有特殊贡献的，可以按照规定提前晋升工资。

第六十一条 检察官享受国家规定的津贴、补贴、奖金、保险和福利待遇。

本条对原第四十一条作了修订。原条文为：

第四十一条 检察官享受国家规定的检察津贴、地区津贴、其他津贴以及保险和福利待遇。

第六十二条 检察官因公致残的，享受国家规定的伤残待遇。检察官因公牺牲、因公死亡或者病故的，其亲属享受国家规定的抚恤和优待。

本条系新增条文。

第六十三条 检察官的退休制度，根据检察工作特点，由国家另行规定。

本条沿用了原第四十五条的规定。

第六十四条 检察官退休后，享受国家规定的养老金和其他待遇。

> 本条对原第四十六条作了修订。原条文为：
>
> 　　第四十六条　检察官退休后，享受国家规定的养老保险金和其他待遇。

第六十五条　对于国家机关及其工作人员侵犯本法第十一条规定的检察官权利的行为，检察官有权提出控告。

> 本条对原第四十八条作了修订。原条文为：
>
> 　　第四十八条　对于国家机关及其工作人员侵犯本法第九条规定的检察官权利的行为，检察官有权提出控告。
>
> 　　行政机关、社会团体或者个人干涉检察官依法履行检察职责的，应当依法追究其责任。

第六十六条　对检察官处分或者人事处理错误的，应当及时予以纠正；造成名誉损害的，应当恢复名誉、消除影响、赔礼道歉；造成经济损失的，应当赔偿。对打击报复的直接责任人员，应当依法追究其责任。

> 本条对原第五十条作了修订。原条文为：
>
> 　　第五十条　对检察官处分或者处理错误的，应当及时予以纠正；造成名誉损害的，应当恢复名誉、消除影响、赔礼道歉；造成经济损失的，应当赔偿。对打击报复的直接责任人员，应当依法追究其责任。

第八章　附　　则

第六十七条　国家对初任检察官实行统一法律职业资格考试制度，由国务院司法行政部门商最高人民检察院等有关部门组织实施。

第六十八条 人民检察院的检察官助理在检察官指导下负责审查案件材料、草拟法律文书等检察辅助事务。

人民检察院应当加强检察官助理队伍建设，为检察官遴选储备人才。

第六十九条 有关检察官的权利、义务和管理制度，本法已有规定的，适用本法的规定；本法未作规定的，适用公务员管理的相关法律法规。

第七十条 本法自 2019 年 10 月 1 日起施行。

关于《中华人民共和国检察官法（修订草案）》修改情况的说明

——2017 年 12 月 22 日在第十二届全国人民代表大会常务委员会第三十一次会议上

最高人民检察院检察长　曹建明

委员长、各位副委员长、秘书长、各位委员：

我代表最高人民检察院，作关于《中华人民共和国检察官法（修订草案）》的说明。

一、修改检察官法的重要意义

现行检察官法于 1995 年 2 月 28 日第八届全国人大常委会第十二次会议通过，2001 年 6 月 30 日第九届全国人大常委会第二十二次会议、2017 年 9 月 1 日第十二届全国人大常委会第二十九次会议修正。检察官法的立法、修改与施行，对于加强和规范检察官管理，促进检察官队伍正规化、专业化、职业化建设，提升检察队伍素质能力具有十分重要的意义。随着全面依法治国的深入推进，检察工作和检察官队伍建设面临新的形势，对检察官队伍建设和管理体制提出了新的更高要求，修改完善检察官法十分必要。

第一，修改完善检察官法，是贯彻落实党中央重大决策部署，巩固深化司法体制改革成果的必然要求。党的十八大以来，以习近平同志为核心的党中央对深化司法体制改革和保障司法公正作出一系列重大决策部署，检察人员分类管理、员额制、检察官办案责任制等司法改革取得重大成果。修改检察官法，对于及时巩固改革成果，提高司法质量效率和公信力，具有十分重要的意义。

第二，修改完善检察官法，是推进检察官队伍正规化专业化职业化建设的客观需要。党中央对政法队伍建设提出了新的要求。修改检察官法，对于提高检察官队伍专业素养、职业保障和规范化管理水平，保障依法履职，具有十分重要的意义。

第三，修改完善检察官法，是完善中国特色社会主义法律体系的重要内容。近年来，刑事诉讼法、民事诉讼法、行政诉讼法相继修改完善，人民检察院组织法修订已取得阶段性成果。各项法律的修改紧密关联，相辅相成。检察官法的修改作为其中重要的一环，对完善中国特色社会主义法律体系具有十分重要的意义。

二、检察官法修改过程、指导思想及基本原则

（一）修改过程。自检察官法修订列入十二届全国人大常委会立法规划以来，最高人民检察院党组高度重视，专门成立了修改小组。修改小组深入各省区市调研，组织召开法学专家论证会，反复征求各省级检察院意见，并委托部分专家、部分省级院起草专家意见稿和地方建议稿，广泛征求中组部、中央编办、公安部、司法部、财政部、人力资源社会保障部、国务院法制办等中央有关部门意见，并多次与中央政法委、全国人大内司委、全国人大常委会法工委和最高法院沟通协商，反复推敲、修改完善。最高人民检察院党组5次专题研究，形成了目前的检察官法修订草案（以下简称《修订草案》）。

（二）指导思想。深入贯彻党的十八大、十八届历次中央全会和党的十九大精神，以习近平新时代中国特色社会主义思想为指导，以宪法为依据，以现行检察官法为基础，以推进检察官正规化、专业化、职业化为目标，以确保检察权依法独立公正行使

为核心，以强化检察官职责、管理和保障为重点，充分吸收司法体制改革成果，借鉴参考有关国家和地区检察官管理经验，力争将检察官法修改成为与党中央要求相适应、与形势相符合、体现检察官职业特点规律的法律制度，为建设公正高效权威的社会主义司法制度、实现中华民族伟大复兴的中国梦提供法律保障。

（三）基本原则。一是坚持一般性与特殊性相结合。检察官性质上仍属于公务员，具有普通公务员管理的共性，在修改中注意吸收《公务员法》一般性规定。检察官作为行使检察权的特殊公务员，又不同于普通公务员。因此《修订草案》又注意遵循司法人员管理和司法权运行一般性规律，体现检察属性特点和检察权运行的特殊性。二是坚持总结吸收司法体制改革经验与推进改革成果法律化相结合。注意总结吸收近年来检察队伍正规化专业化职业化建设的成功经验，充分吸收本轮司法体制改革成果。三是注重与宪法、人民检察院组织法等相衔接。坚持在现行宪法框架范围内进行修改，并注意与正在修改的人民检察院组织法同步对接。四是坚持立足我国国情与借鉴域外经验相结合。始终坚持立足中国实际，坚持党的领导、人民当家作主、依法治国有机统一，坚持从我国基本国情出发，同时又注重研究借鉴域外检察官管理有益经验。

三、需要重点说明的问题

（一）关于总体框架和体例。现行检察官法共 17 章 56 条，《修订草案》调整为 8 章 76 条，减少了 9 章，增加了 20 条。减少章节的主要考虑是，现行检察官法章多条文少，有些章甚至只有两三个法条，导致内容较散，很难突出检察官管理的重点。增加条文主要是把司法体制改革成果吸收进来。目前，《修订草案》按照检察官管理的职责义务和权利、遴选、任免、管理、考核奖励和惩戒、保障等顺序进行，章节更加精简，更加符合司法规律，更具科学性与操作性。

（二）关于检察官的范围及称谓。现行检察官包括"检察长、副检察长、检察委员会委员、检察员和助理检察员"。《修订草案》取消"检察员"和"助理检察员"的称谓，并根据正在修订的《人民检察院组织法（修订草案）》，修改为"其他检察官"。（草案第二条、十八条）

（三）关于检察长统一领导权。根据现行人民检察院组织法规定，检察长统一领导检察院的工作。《修订草案》明确了检察长的统一领导权，规定"检察官在检察长领导下开展工作，检察长对所属检察官办理案件进行指挥监督，重大办案事项由检察长决定"。（草案第九条）

（四）关于检察官任职条件

1. 关于学历条件。《修订草案》明确检察官需具备全日制法学类本科以上学历，原则上不再放宽学历条件。主要考虑是随着我国法学教育不断发展，具备大学本科学历的学生，尤其是政法院校毕业生不断增加，提高初任检察官学历条件有了很好的基础，且目前检察官队伍中法学类本科以上学历人员占绝大多数。明确这一规定也与《关于完善国家统一法律职业资格制度的意见》中有关取得法律职业资格的学历要求相符。（草案第十二条）

2. 关于年龄条件。《修订草案》保留了目前关于担任检察官须年满二十三岁的规定。主要考虑是：年龄条件只是担任检察官的条件之一，任职还必须满足能力、经历、学历等其他条件。《公务员法》明确公务员任职年龄为"年满十八周岁"，工作满五年后为二十三岁，符合人才成长规律和实际情况。规定年龄过高，不利于吸收优秀人才充实检察官队伍。特别是，《修订草案》规定检察官需"具有五年以上的法律工作经历"，实际上已经通过工作经历的限制来达到提高任职年龄的目的。（草案第十二条）

3. 关于法律经历条件。根据《法官、检察官单独职务序列改革试点方案》，初任检察官须任检察官助理满五年。《修订草案》吸收了检察官任职法律工作年限条件，明确"从事法律工作满五年"。（草案第十二条）

4. 关于检察长、副检察长和检察委员会委员的任职条件。根据《人民检察院组织法（修订草案）》的修改内容，规定为"人民检察院的检察长应当具有法学专业知识和法律职业经历。副检察长、检察委员会委员应当从检察官中产生"。（草案第十四条）

（五）关于检察官免除职务、降职的情形。根据《关于严格执行法官检察官遴选标准和程序的通知》精神，《修订草案》增加"办案质量效率连续两年不达标，不能胜任检察官职务的"作为免除检察官职务的法定情形。同时，根据公务员法的相关规定，"一次年度考核不称职"属于公务员降职而非免职的情形。为此，增设检察官降职的规定，即"检察官在年度考核中被确定为不称职的，应予降职。检察官降职，应当降低一个检察官等级"。（草案第二十一、四十一、四十二条）

（六）关于检察官兼职禁止和任职回避

1. 关于检察官兼职禁止。《修订草案》增加检察官不得在"其他营利性组织"兼职、不得兼任"仲裁员和公证员"情形。同时，为贯彻落实中央关于加强法学高等学校和法律实务部门之间相互交流的精神，《修订草案》规定"检察官经过批准可以在高等学校、科研院所兼职从事教学、研究工作"。（草案第二十五条）

2. 关于被开除公职的检察官不得担任诉讼代理人和辩护人。这是根据从严管理司法队伍要求作出的规定。（草案第二十七条）

3. 关于检察官任职回避。《修订草案》规定："检察官的配偶、子女有下列情形之一的，检察官应当实行任职回避：（一）担任该检察官所任职人民检察院辖区内律师事务所的合伙人或者设立人；（二）在该检察官所任职人民检察院辖区内以律师身份担任诉讼代理人、辩护人，或者为诉讼案件当事人提供其他有偿法律服务的。"（草案第二十八条）

（七）关于检察官员额制。参照《人民检察院组织法（修订草案）》，目前规定"检察官员额根据人民检察院层级、案件数量以及经济社会发展情况、人口数量等因素确定。地方各级人民检察院检察官员额，在省、自治区、直辖市内实行总量控制，动态管理"。（草案第二十九条）

（八）关于检察官单独职务序列等级。为体现检察官单独职务与行政职级脱钩的性质和特点，《修订草案》明确"检察官实行单独职务序列管理"。按照《法官、检察官单独职务序列改革试点方案》要求，明确检察官单独职务序列等级设置"四等十二级"。检察官等级采取按期晋升、择优选升和特别选升的方式晋升。（草案第三十条至三十三条）

（九）关于检察官惩戒制度。考虑到检察官实行单独职务序列后，与行政职级脱钩，《修定草案》取消了现行检察官法"降级"处分种类。同时，根据中央改革精神和《公务员法》关于惩戒的规定，《修订草案》规定了延期晋升和暂停履行职务的情况。（草案第五十三、五十四、五十六条）

（十）关于检察官的职业保障。根据公务员法和《保护司法人员依法履行法定职责的规定》，《修订草案》规定了检察官履职保障、工资待遇、抚恤优待、退休等制度。（草案第五十八条至六十九条）

《中华人民共和国检察官法（修订草案)》和以上说明是否妥当，请审议。

全国人民代表大会宪法和法律委员会关于《中华人民共和国检察官法（修订案）》修改情况的汇报

全国人民代表大会常务委员会：

2017 年 12 月，十二届全国人大常委会第三十一次会议对检察官法（修订草案）进行了初次审议。会后，法制工作委员会将修订草案印发各省（区、市）人大常委会、中央有关部门和部分高等院校、研究机构、基层立法联系点等征求意见。在中国人大网全文公布修订草案征求社会公众意见。法制工作委员会还到广东、北京、山西、重庆等地进行调研，了解情况、听取意见，并就修订草案有关问题与最高人民检察院等部门进行沟通。宪法和法律委员会于 12 月 5 日召开会议，根据常委会组成人员的审议意见和各方面意见，对修订草案进行了逐条审议。监察和司法委员会、中央政法委员会、最高人民法院、最高人民检察院有关负责同志列席了会议。12 月 17 日，宪法和法律委员会召开会议，再次进行审议。现就主要问题修改情况汇报如下：

一、有的常委委员、地方、部门和社会公众提出，保护司法人员依法履行职责是司法体制改革的重要内容，近年来社会上侵害检察官合法权益的违法犯罪行为时有发生，建议进一步完善检察官权益保障方面的规定。宪法和法律委员会经研究，建议对修订草案作以下修改完善：一是，在修订草案第一条中增加规定"维护检察官合法权益"的表述。二是，将修订草案第十一条中规定的"依法履行检察职责不受行政机关、社会团体和个人的干涉"调整充实到总则中规定。三是，将修订草案第十一条第四项修改为，履行检察官职责应当享有的职业保障和福利待遇。四是，在修订草案第六十一条中增加规定"检察官的职业尊严和人身安全受法律保护"；细化侵害检察官人身权益的情形。五是，对修订草案第六十三条关于检察官人身安全保护措施的规定作出进一步明确，以增强可操作性。

二、现行检察官法第二条规定，检察官是依法行使国家检察权的检察人员，包括检察长、副检察长、检察委员会委员、检察员和助理检察员。修订草案第二条将上述规定简化为"检察官是依法行使检察权的国家公职人员"，没有使用检察员称谓，删除了有关检察官范围的规定。有的常委委员、地方、部门提出，检察员的称谓是宪法中使用的，今年10月通过的人民检察院组织法对检察院检察人员的组成作了规定，检察官法对检察官具体包括哪些人应当予以明确。宪法和法律委员会经研究，建议依照人民检察院组织法有关规定，将本条修改为："检察官是依法行使国家检察权的检察人员，包括最高人民检察院、地方各级人民检察院和军事检察院等专门人民检察院的检察长、副检察长、检察委员会委员和检察员。"

三、修订草案第十条关于检察官义务的规定，删去了现行检察官法中规定的"严格遵守宪法和法律"、"不得徇私枉法"等内容。有的常委委员提出，上述规定仍具有针对性和现实意义，不宜删去。宪法和法律委员会经研究，建议恢复现行检察官法的有关规定。同时，建议将该条中检察官"履行职责必须以事实为根据，以法律为准绳"的内容调整充实到总则，作为检察官履职的一项基本原则。

四、修订草案第十二条第一款第二项、第七项分别规定，担任检察官需"年满二十三周岁"、"从事法律工作满五年"。有的常委委员、地方、部门和社会公众提出，按照草案规定的学历条件和从事法律工作的年限，实际上担任检察官的年龄将超过二十三周岁，这也符合检察官职业需要一定社会阅历的要求。因此，草案可不再具体规定"二十三周岁"。同时，为有利于基层人民检察院吸引高层次人才，建议对法学类硕士、博士毕业从事法律工作的年限适当放宽。宪法和法律委员会经研究，建议采纳上述意见。

五、修订草案第二十五条第二款规定："检察官经过批准可以在高等学校、科研院所兼职从事教学、研究工作。"一些常委委员、地方和部门提出，为从严管理队伍，防止兼职对检察官公正履职的影响，不宜在法律中作上述规定。宪法和法律委员会经研究，建议删去这一规定。

六、修订草案第二十九条对检察官员额数的确定和调整作了原则规定。有的常委委员、地方提出，检察官员额制改革是本轮司法体制改革的一项重要内容，建议进一步充实这方面的内容，将实践中行之有效的改革举措上升为法律规定。宪法和法律委员会经研究，建议在本条中增加规定以下内容：检察官实行员额制管理；检察官员额配置优先考虑基层人民检察院和案件数量多的地方的人民检察院办案需要；检察官员额出现空缺的，应当按照程序及时补充；最高人民检察院检察官员额由最高人民检察院商有关部门确定。

七、修订草案第五十七条对检察官惩戒委员会作了规定。有的地方、部门和社会公众提出，应进一步明确检察官惩戒委员会的职能、人员组成和工作程序，规范其运行。宪法和法律委员会经研究，建议对有关检察官惩戒委员会的规定作出以下修改补充：一是，明确检察官惩戒委员会的职能是从专业角度对是否属于错案、拖延办案作出审查判断。二是，明确检察官惩戒委员会的人员组成。三是，增加有关检察官惩戒委员会工作程序的规定。

八、有的地方、部门和社会公众提出，检察官助理是辅助检察官办案的重要力量，承担着大量具体事务性工作。目前检察官主要还是从检察官助理中遴选，从长远规划和后备人才培养考虑，这支队伍的建设应当进一步加强。宪法和法律委员会经研究，建议增加规定："人民检察院的检察官助理在检察官指导下负责审查案件材料、草拟法律文书等检察辅助事务。人民检察院应当加强检察官助理队伍建设，为检察官遴选储备人才。"

九、有的常委委员、地方和部门提出，本法中有的规定与人民检察院组织法、公务员法重复，建议统盘研究，做好衔接。宪法和法律委员会经研究，建议作出以下处理：一是，人民检察院组织法和检察官法修订草案都作了规定的，对于其中主要属于人民检察院组织领导体制方面的规定，本法可不作规定；有的内容角度不同，在检察官法中作出规定也是必要的，对此可予以保留，并注意与人民检察院组织法的规定相衔接。据此，建议删去修订草案第六条、第二十条、第二十四条，保留修订草案第十四条第二款、第十八条等，并对文字表述作了相应修改。二是，检察官也是公务员，检察官法修订草案中有的内容属于与公务员管理共性的规定，考虑到公务员法已有规定，可以不作重复。据此，删去了有关检察官辞退情形、降职、奖励种类、处分种类和期间计算、人事处理的复核申诉等具体规定。同时，将附则中第七十五条修改为："检察官是实行单独职务序列管理的公务员。有关检察官的权利、义务和管理制度，本法已有规定的，适用本法的规定；本法未作规定的，适用公务员管理的相关法律法规。"

此外，还对修订草案作了一些文字修改。

修订草案二次审议稿已按上述意见作了修改，宪法和法律委员会建议提请本次常委会会议继续审议。

修订草案二次审议稿和以上汇报是否妥当，请审议。

全国人民代表大会宪法和法律委员会

2018 年 12 月 23 日

全国人民代表大会宪法和法律委员会关于《中华人民共和国检察官法（修订草案）》审议结果的报告

全国人民代表大会常务委员会：

　　十三届全国人大常委会第七次会议对检察官法（修订草案二次审议稿）进行了审议。会后，法制工作委员会在中国人大网全文公布修订草案，再次征求社会公众意见。宪法和法律委员会、法制工作委员会就有关问题深入研究，与最高人民检察院等部门进行沟通，到河南、江西调研，宪法和法律委员会、监察和司法委员会、法制工作委员会还联合召开座谈会，听取中央有关部门、全国人大代表和有关专家的意见。宪法和法律委员会于3月29日召开会议，根据常委会组成人员的审议意见和各方面意见，对修订草案进行了逐条审议。监察和司法委员会、中央政法委员会、最高人民法院、最高人民检察院有关负责同志列席了会议。4月12日，宪法和法律委员会召开会议，再次进行了审议。宪法和法律委员会认为，草案经过两次审议修改，已经比较成熟。同时，提出以下主要修改意见：

　　一、修订草案二次审议稿第一条中规定了对检察官队伍建设的要求。有的常委委员和有关方面提出，按照习近平总书记关于"要旗帜鲜明把政治建设放在首位，努力打造一支党中央放心、人民群众满意的高素质政法队伍"和党的十八届四中全会关于"建设高素质法治专门队伍"的要求，建议将相关表述修改为"为了全面推进高素质检察官队伍建设"，这样能更好地体现对检察官队伍政治、业务等各方面素质的全面要求。宪法和法律委员会经研究，建议采纳上述意见。同时，在检察官条件中增加规定"拥护中国共产党领导和社会主义制度"；在检察官培训中增加政治培训。

二、有的常委会组成人员、地方和社会公众提出，应当结合司法责任制改革，进一步加强对检察官履职的监督。宪法和法律委员会经研究，建议补充以下内容：一是，在立法目的中增加对检察官的监督。二是，在检察官应当履行的义务中增加规定，对履行职责中知悉的商业秘密和个人隐私予以保密，相应规定了违反规定的法律责任。

三、有的部门和专家提出，检察官应当客观公正行使职权，特别是检察官在办理刑事案件中要全面客观收集各种证据，联合国《关于检察官作用的准则》也有相应规定。宪法和法律委员会经研究，为进一步贯彻落实党的十八届四中全会提出的"健全落实罪刑法定、疑罪从无、非法证据排除等法律原则的法律制度"，建议增加规定，检察官履行职责秉持客观公正的立场；同时，针对检察官职业特点，增加规定检察官办理刑事案件，应当严格坚持罪刑法定原则，尊重和保障人权，既要追诉犯罪，也要保障无罪的人不受刑事追究。

四、修订草案二次审议稿第七条对检察官的职责作了规定。有的常委会组成人员、部门和社会公众建议有关检察官职责的规定与人民检察院组织法的规定进一步衔接。宪法和法律委员会经研究，建议采纳上述意见，根据人民检察院组织法对人民检察院职权的规定，对检察官职责的表述作相应调整，增加了开展公益诉讼工作等内容。

五、修订草案二次审议稿第十二条、第十四条对担任检察官的任职条件和应当具备法律职业资格条件分别在两条中作了规定。有的地方和专家提出，初任检察官须取得法律职业资格是党的十八大以来司法体制改革推进检察官队伍专业化建设的重要举措，建议将分散在两条中的条件合并规定，以更好地体现改革成果。宪法和法律委员会经研究，建议采纳上述意见，将初任检察官应当通过国家统一法律职业资格考试取得法律职业资格的规定，移入检察官任职条件一条中统一规定，也与人民检察院组织法有关规定相衔接。

六、修订草案二次审议稿第十七条中规定，遴选检察官人选一般在下级人民检察院担任检察官五年以上，并具有遴选职位三年以上相关工作经历；最高人民检察院遴选检察官人选一般在下级人民检察院担任检察官八年以上，并具有遴选职位五年以上相关工作经历。有的常委会组成人员、部门、地方和全国人大代表提出，上述有关逐级遴选的条件可能导致遴选范围窄、周期长，不利于根据不同情况和需要开展遴选工作，建议法律中作原则规定，为相关改革实践留有空间。宪法和法律委员会经研究，建议采纳上述意见，将上述规定修改为，参加上级人民检察院遴选的检察官应当在下级人民检察院担任检察官一定年限，并具有遴选职位相关工作经历。

七、修订后的人民检察院组织法对在特定区域设立派出人民检察院作了规定。有的常委委员和部门提出，派出人民检察院人员如何任免不明确，建议在检察官法中予以明确。宪法和法律委员会经研究，建议增加规定，省级人民检察院和设区的市级人民检察院依法设立作为派出机构的人民检察院的检察长、副检察长、检察委员会委员和检察员，由派出的人民检察院检察长提请本级人民代表大会常务委员会任免。

八、修订草案二次审议稿第二十条对依法免除检察官职务的情形作了规定。有的常委委员、部门提出，对于有的检察官由于自身原因申请免除检察官职务的，应明确为免除检察官职务的一种情形。宪法和法律委员会经研究，建议增加"本人申请免除检察官职务经批准的"规定。

九、有的常委会组成人员、部门提出，检察官到高等学校、科研院所开展教学研究交流工作有利于加强法治人才培养，有关方面实施了高等学校与法律实务部门人员互聘"双千计划"等，建议法律作出相关规定。宪法和法律委员会经同有关方面共同研究，根据习近平总书记在中国政法大学座谈会上的讲话精神，建议增加规定，检察官因工作需要经单位选派或者批准，可以在高等学校、科研院所协助开展实践性教学、研究工作，并遵守国家有关规定。

4月11日，法制工作委员会召开会议，邀请全国人大代表、人民法院和人民检察院工作人员、律师、专家学者等就修订草案中主要制度规范的可行性、法律出台时机、法律实施的社会效果和可能出现的问题等作了评估。与会人员普遍认为，修订草案贯彻落实党中央决策部署，体现司法体制改革成果，对检察官的权利义务、遴选、任免、管理、考核奖惩以及职业保障等作了较为全面的修改完善，适应检察工作规律和需要，已经比较成熟，其主要制度规范是可行的，现在出台是必要的、适时的。同时，有的与会人员还对修订草案提出了一些具体修改意见，宪法和法律委员会进行了认真研究，对有的意见予以采纳。

此外，还对修订草案二次审议稿作了一些文字修改。

修订草案三次审议稿已按上述意见作了修改，宪法和法律委员会建议提请本次常委会会议审议通过。

修订草案三次审议稿和以上报告是否妥当，请审议。

全国人民代表大会宪法和法律委员会
2019 年 4 月 20 日

全国人民代表大会宪法和法律委员会关于《中华人民共和国检察官法(修订草案三次审议稿)》修改意见的报告

全国人民代表大会常务委员会:

本次常委会会议于 4 月 20 日下午对检察官法（修订草案三次审议稿）进行了分组审议，普遍认为，修订草案已经比较成熟，建议进一步修改后，提请本次会议通过。同时，有些常委会组成人员还提出了一些修改意见。宪法和法律委员会于 4 月 21 日上午召开会议，逐条研究了常委会组成人员的审议意见，对修订草案进行了审议。监察和司法委员会、中央政法委员会、最高人民法院、最高人民检察院有关负责同志列席了会议。宪法和法律委员会认为，修订草案是可行的，同时，提出以下修改意见：

一、有的提出，检察官是维护社会公平正义的重要力量，建议按照"努力让人民群众在每一个司法案件中感受到公平正义"的要求，在总则中增加关于维护社会公平正义的规定。宪法和法律委员会经研究，建议采纳上述意见，在第三条中增加"维护社会公平正义"的内容。

二、修订草案三次审议稿第十三条中规定，被吊销律师、公证员执业证书的，不得担任检察官。有的常委委员提出，仲裁法规定仲裁员有索贿受贿、枉法仲裁等行为的，由仲裁委员会予以除名，因此，被除名的仲裁员也不能担任检察官。宪法和法律委员会经研究，建议增加规定"被仲裁委员会除名的"，不得担任检察官。

三、修订草案三次审议稿第二十五条规定，检察官的配偶、子女在该检察官所任职人民检察院辖区内律师事务所担任合伙人或者设立人的，检察官应当实行任职回避。有的常委会组成人员建议，在回避情形中增加检察官的父母。宪法和法律委员会经研究，建议采纳上述意见。

四、修订草案三次审议稿第四十七条第一款第二项规定，检察官"隐瞒、伪造、变造或者故意损毁证据的"，应当追究责任。有的常委委员提出，除证据外，对案件材料有上述行为的，也应予以追究。宪法和法律委员会经研究，建议采纳上述意见。

此外，根据常委会组成人员的审议意见，还对修订草案三次审议稿作了一些文字修改。

修订草案建议表决稿已按上述意见作了修改，宪法和法律委员会建议本次常委会会议通过。

修订草案建议表决稿和以上报告是否妥当，请审议。

全国人民代表大会宪法和法律委员会
2019 年 4 月 23 日

中华人民共和国人民检察院组织法

（1979 年 7 月 1 日第五届全国人民代表大会第二次会议通过　根据 1983 年 9 月 2 日第六届全国人民代表大会常务委员会第二次会议《关于修改〈中华人民共和国人民检察院组织法〉的决定》第一次修正　根据 1986 年 12 月 2 日第六届全国人民代表大会常务委员会第十八次会议《关于修改〈中华人民共和国地方各级人民代表大会和地方各级人民政府组织法〉的决定》第二次修正　2018 年 10 月 26 日第十三届全国人民代表大会常务委员会第六次会议修订）

目　　录

第一章　总　　则

第一条　为了规范人民检察院的设置、组织和职权，保障人民检察院依法履行职责，根据宪法，制定本法。

第二条　人民检察院是国家的法律监督机关。

人民检察院通过行使检察权，追诉犯罪，维护国家安全和社会秩序，维护个人和组织的合法权益，维护国家利益和社会公共利益，保障法律正确实施，维护社会公平正义，维护国家法制统一、尊严和权威，保障中国特色社会主义建设的顺利进行。

第三条　人民检察院依照宪法、法律和全国人民代表大会常务委员会的决定设置。

第四条　人民检察院依照法律规定独立行使检察权，不受行政机关、社会团体和个人的干涉。

第五条　人民检察院行使检察权在适用法律上一律平等，不允许任何组织和个人有超越法律的特权，禁止任何形式的歧视。

第六条　人民检察院坚持司法公正，以事实为根据，以法律为准绳，遵守法定程序，尊重和保障人权。

第七条　人民检察院实行司法公开，法律另有规定的除外。

第八条　人民检察院实行司法责任制，建立健全权责统一的司法权力运行机制。

第九条　最高人民检察院对全国人民代表大会及其常务委员会负责并报告工作。地方各级人民检察院对本级人民代表大会及其常务委员会负责并报告工作。

各级人民代表大会及其常务委员会对本级人民检察院的工作实施监督。

第十条　最高人民检察院是最高检察机关。

最高人民检察院领导地方各级人民检察院和专门人民检察院的工作，上级人民检察院领导下级人民检察院的工作。

第十一条　人民检察院应当接受人民群众监督，保障人民群众对人民检察院工作依法享有知情权、参与权和监督权。

第二章　人民检察院的设置和职权

第十二条　人民检察院分为：

（一）最高人民检察院；

（二）地方各级人民检察院；

（三）军事检察院等专门人民检察院。

第十三条　地方各级人民检察院分为：

（一）省级人民检察院，包括省、自治区、直辖市人民检察院；

（二）设区的市级人民检察院，包括省、自治区辖市人民检察院，自治州人民检察院，省、自治区、直辖市人民检察院分院；

（三）基层人民检察院，包括县、自治县、不设区的市、市辖区人民检察院。

第十四条　在新疆生产建设兵团设立的人民检察院的组织、案件管辖范围和检察官任免，依照全国人民代表大会常务委员会的有关规定。

第十五条　专门人民检察院的设置、组织、职权和检察官任免，由全国人民代表大会常务委员会规定。

第十六条　省级人民检察院和设区的市级人民检察院根据检察工作需要，经最高人民检察院和省级有关部门同意，并提请本级人民代表大会常务委员会批准，可以在辖区内特定区域设立人民检察院，作为派出机构。

第十七条　人民检察院根据检察工作需要，可以在监狱、看守所等场所设立检察室，行使派出它的人民检察院的部分职权，也可以对上述场所进行巡回检察。

省级人民检察院设立检察室，应当经最高人民检察院和省级有关部门同意。设区的市级人民检察院、基层人民检察院设立检察室，应当经省级人民检察院和省级有关部门同意。

第十八条　人民检察院根据检察工作需要，设必要的业务机构。检察官员额较少的设区的市级人民检察院和基层人民检察院，可以设综合业务机构。

第十九条　人民检察院根据工作需要，可以设必要的检察辅助机构和行政管理机构。

第二十条　人民检察院行使下列职权：

（一）依照法律规定对有关刑事案件行使侦查权；

（二）对刑事案件进行审查，批准或者决定是否逮捕犯罪嫌疑人；

（三）对刑事案件进行审查，决定是否提起公诉，对决定提起公诉的案件支持公诉；

（四）依照法律规定提起公益诉讼；

（五）对诉讼活动实行法律监督；

（六）对判决、裁定等生效法律文书的执行工作实行法律监督；

（七）对监狱、看守所的执法活动实行法律监督；

（八）法律规定的其他职权。

第二十一条　人民检察院行使本法第二十条规定的法律监督职权，可以进行调查核实，并依法提出抗诉、纠正意见、检察建议。有关单位应当予以配合，并及时将采纳纠正意见、检察建议的情况书面回复人民检察院。

抗诉、纠正意见、检察建议的适用范围及其程序，依照法律有关规定。

第二十二条　最高人民检察院对最高人民法院的死刑复核活动实行监督；对报请核准追诉的案件进行审查，决定是否追诉。

第二十三条　最高人民检察院可以对属于检察工作中具体应用法律的问题进行解释。

最高人民检察院可以发布指导性案例。

第二十四条　上级人民检察院对下级人民检察院行使下列

职权：

（一）认为下级人民检察院的决定错误的，指令下级人民检察院纠正，或者依法撤销、变更；

（二）可以对下级人民检察院管辖的案件指定管辖；

（三）可以办理下级人民检察院管辖的案件；

（四）可以统一调用辖区的检察人员办理案件。

上级人民检察院的决定，应当以书面形式作出。

第二十五条　下级人民检察院应当执行上级人民检察院的决定；有不同意见的，可以在执行的同时向上级人民检察院报告。

第二十六条　人民检察院检察长或者检察长委托的副检察长，可以列席同级人民法院审判委员会会议。

第二十七条　人民监督员依照规定对人民检察院的办案活动实行监督。

第三章　人民检察院的办案组织

第二十八条　人民检察院办理案件，根据案件情况可以由一名检察官独任办理，也可以由两名以上检察官组成办案组办理。

由检察官办案组办理的，检察长应当指定一名检察官担任主办检察官，组织、指挥办案组办理案件。

第二十九条　检察官在检察长领导下开展工作，重大办案事项由检察长决定。检察长可以将部分职权委托检察官行使，可以授权检察官签发法律文书。

第三十条　各级人民检察院设检察委员会。检察委员会由检察长、副检察长和若干资深检察官组成，成员应当为单数。

第三十一条　检察委员会履行下列职能：

（一）总结检察工作经验；

（二）讨论决定重大、疑难、复杂案件；

（三）讨论决定其他有关检察工作的重大问题。

最高人民检察院对属于检察工作中具体应用法律的问题进行解释、发布指导性案例，应当由检察委员会讨论通过。

第三十二条　检察委员会召开会议，应当有其组成人员的过半数出席。

检察委员会会议由检察长或者检察长委托的副检察长主持。检察委员会实行民主集中制。

地方各级人民检察院的检察长不同意本院检察委员会多数人的意见，属于办理案件的，可以报请上一级人民检察院决定；属于重大事项的，可以报请上一级人民检察院或者本级人民代表大会常务委员会决定。

第三十三条　检察官可以就重大案件和其他重大问题，提请检察长决定。检察长可以根据案件情况，提交检察委员会讨论决定。

检察委员会讨论案件，检察官对其汇报的事实负责，检察委员会委员对本人发表的意见和表决负责。检察委员会的决定，检察官应当执行。

第三十四条　人民检察院实行检察官办案责任制。检察官对其职权范围内就案件作出的决定负责。检察长、检察委员会对案件作出决定的，承担相应责任。

第四章　人民检察院的人员组成

第三十五条　人民检察院的检察人员由检察长、副检察长、检察委员会委员和检察员等人员组成。

第三十六条　人民检察院检察长领导本院检察工作，管理本院行政事务。人民检察院副检察长协助检察长工作。

第三十七条　最高人民检察院检察长由全国人民代表大会选举和罢免，副检察长、检察委员会委员和检察员由检察长提请全国人民代表大会常务委员会任免。

第三十八条　地方各级人民检察院检察长由本级人民代表大会选举和罢免，副检察长、检察委员会委员和检察员由检察长提请本级人民代表大会常务委员会任免。

地方各级人民检察院检察长的任免，须报上一级人民检察院检察长提请本级人民代表大会常务委员会批准。

省、自治区、直辖市人民检察院分院检察长、副检察长、检察委员会委员和检察员，由省、自治区、直辖市人民检察院检察长提请本级人民代表大会常务委员会任免。

第三十九条　人民检察院检察长任期与产生它的人民代表大会每届任期相同。

全国人民代表大会常务委员会和省、自治区、直辖市人民代表大会常务委员会根据本级人民检察院检察长的建议，可以撤换下级人民检察院检察长、副检察长和检察委员会委员。

第四十条　人民检察院的检察官、检察辅助人员和司法行政人员实行分类管理。

第四十一条　检察官实行员额制。检察官员额根据案件数量、经济社会发展情况、人口数量和人民检察院层级等因素确定。

最高人民检察院检察官员额由最高人民检察院商有关部门确定。地方各级人民检察院检察官员额，在省、自治区、直辖市内实行总量控制、动态管理。

第四十二条　检察官从取得法律职业资格并且具备法律规定的其他条件的人员中选任。初任检察官应当由检察官遴选委员会进行专业能力审核。上级人民检察院的检察官一般从下级人民检察院的检察官中择优遴选。

检察长应当具有法学专业知识和法律职业经历。副检察长、检察委员会委员应当从检察官、法官或者其他具备检察官、法官条件的人员中产生。

检察官的职责、管理和保障，依照《中华人民共和国检察官法》的规定。

第四十三条　人民检察院的检察官助理在检察官指导下负责审查案件材料、草拟法律文书等检察辅助事务。

符合检察官任职条件的检察官助理，经遴选后可以按照检察官任免程序任命为检察官。

第四十四条　人民检察院的书记员负责案件记录等检察辅助事务。

第四十五条　人民检察院的司法警察负责办案场所警戒、人员押解和看管等警务事项。

司法警察依照《中华人民共和国人民警察法》管理。

第四十六条　人民检察院根据检察工作需要，可以设检察技术人员，负责与检察工作有关的事项。

第五章　人民检察院行使职权的保障

第四十七条　任何单位或者个人不得要求检察官从事超出法定职责范围的事务。

对于领导干部等干预司法活动、插手具体案件处理，或者人民检察院内部人员过问案件情况的，办案人员应当全面如实记录并报告；有违法违纪情形的，由有关机关根据情节轻重追究行为人的责任。

第四十八条　人民检察院采取必要措施，维护办案安全。对妨碍人民检察院依法行使职权的违法犯罪行为，依法追究法律责任。

第四十九条　人民检察院实行培训制度，检察官、检察辅助人员和司法行政人员应当接受理论和业务培训。

第五十条　人民检察院人员编制实行专项管理。

第五十一条　人民检察院的经费按照事权划分的原则列入财政预算，保障检察工作需要。

第五十二条　人民检察院应当加强信息化建设，运用现代信息技术，促进司法公开，提高工作效率。

第六章　附　　则

第五十三条　本法自 2019 年 1 月 1 日起施行。